Paul Schulte-Herrmann (Hrsg.)

Frühlingsgedichte

AF191025

Frühlingslyrik

Sie lieben den Frühling? – Hier präsentiert er sich in poetischen Versen: „Frühling lässt sein blaues Band ..."; „Wenn auf Gefilden neues Entzücken keimt ..."; „Wie herrlich leuchtet / Mir die Natur ..."; „Von allen Zweigen perlt der goldne Schaum ..."; „Der Frühling ist die schönste Zeit ...".

Die Anthologie versammelt kleine und große Kunstwerke u.a. von Busch, Droste-Hülshoff, Eichendorff, Fallersleben, Fontane, Geibel, Goethe, Heine, Heym, Hölderlin, Holz, Huch, Lenau, Löns, Morgenstern, Mörike, Novalis, Ringelnatz, Schiller, Storm und Uhland.

Lesen Sie vertraute und entdecken Sie neue Lieblingsgedichte zum Genießen, Nachsinnen und Weiterdichten.

Der Herausgeber

In der vorliegenden Anthologie hat der Literatur- und Sprachwissenschaftler Paul Schulte-Herrmann – erfahrener Lektor, Herausgeber und Liebhaber der Poesie – ausgesuchte Gedichte für Sie zusammengestellt.

Die Rechtschreibung wurde nur gelegentlich behutsam an die aktuellen Regeln angepasst.

Paul Schulte-Herrmann (Hrsg.)

Frühlingsgedichte

Ihre Lieblingsjahreszeit in der Lyrik

Anthologie

Bibliografische Information der Deutschen Nationalbibliothek: Die
Deutsche Nationalbibliothek verzeichnet diese Publikation in der
Deutschen Nationalbibliografie; detaillierte bibliografische Daten
sind im Internet über dnb.dnb.de abrufbar.

Herstellung und Verlag: BoD – Books on Demand, Norderstedt
ISBN: 978-3-7578-6297-8

Frühling lässt sein blaues Band
Wieder flattern durch die Lüfte;
Süße, wohlbekannte Düfte
Streifen ahnungsvoll das Land.

Eduard Mörike

Frühlingsleben

Dunkelnde Felder,
Dunkelnde Wälder
Blitzen und leuchten im perlenden Tau.
Gaukelnde Weste
Schaukeln die Äste,
Wiegen sich selig in blühender Au.

Moosige Matten,
Rosige Schatten
Locken den Wandrer zum laubigen Dach.
Fliehende Kähne,
Ziehende Schwäne
Gleiten hinunter den rauschenden Bach.

Flüsternde Quellen,
Lüsterne Wellen
Netzen der Bäume bemoosten Fuß.
Klingende Lieder
Dringen hernieder,
Bringen und singen uns freundlichen Gruß.

Helene Branco

Vertraut

Wie liegt die Welt so frisch und tauig
Vor mir im Morgensonnenschein.
Entzückt vom hohen Hügel schau ich
Ins frühlingsgrüne Tal hinein.

Mit allen Kreaturen bin ich
In schönster Seelenharmonie.
Wir sind verwandt, ich fühl es innig,
Und eben darum lieb ich sie.

Und wird auch mal der Himmel grauer;
Wer voll Vertraun die Welt besieht,
Den freut es, wenn ein Regenschauer
Mit Sturm und Blitz vorüberzieht.

Wilhelm Busch

Frühling

Der Frühling ist die schönste Zeit!
Was kann wohl schöner sein?
Da grünt und blüht es weit und breit
Im goldnen Sonnenschein.

Am Berghang schmilzt der letzte Schnee,
Das Bächlein rauscht zu Tal,
Es grünt die Saat, es blinkt der See
Im Frühlingssonnenstrahl.

Die Lerchen singen überall,
Die Amsel schlägt im Wald!
Nun kommt die liebe Nachtigall
Und auch der Kuckuck bald.

Nun jauchzet alles weit und breit,
Da stimmen froh wir ein:
Der Frühling ist die schönste Zeit!
Was kann wohl schöner sein?

Annette von Droste-Hülshoff

Frische Fahrt

Laue Luft kommt blau geflossen,
Frühling, Frühling soll es sein!
Waldwärts Hörnerklang geschossen,
Mut'ger Augen lichter Schein,
Und das Wirren bunt und bunter
Wird ein magisch wilder Fluss,
In die schöne Welt hinunter
Lockt dich dieses Stromes Gruß.

Und ich mag mich nicht bewahren!
Weit von Euch treibt mich der Wind,
Auf dem Strome will ich fahren,
Von dem Glanze selig blind!
Tausend Stimmen lockend schlagen,
Hoch Aurora flammend weht,
Fahre zu! Ich mag nicht fragen,
Wo die Fahrt zu Ende geht!

Joseph von Eichendorff

Frühling

Über blaue Berge fröhlich
Kam der bunte Schein geflossen,
In den Schimmer rief ich selig:
»Freu dich nur, jetzt wirds vollendet!«
Doch der Frühling ist vergangen,
Was ich innigst hofft' und strebte
Blieb ein unbestimmt Verlangen.

Und nach langem trüben Schweigen
Kamen goldne Tage wieder.
Blaue Berge, alte Zeiten,
Blumen, Sterne, Ström' und Lieder
Woben wunderbar ein Netze,
Und das schlang sich um die Glieder,
Zog so innig fest und fester
Mich ans Herz der Erde nieder,
Und so schlummert' ich und träumte
Von der allerschönsten Braut.

Joseph von Eichendorff

Frühling

Und wenn die Lerche hell anstimmt
Und Frühling rings bricht an:
Da schauert tief und Flügel nimmt,
Wer irgend fliegen kann.

Die Erde grüßt er hochbeglückt,
Die, eine junge Braut,
Mit Blumen wild und bunt geschmückt,
Tief in das Herz ihm schaut.

Den Himmel dann, das blaue Meer
Der Sehnsucht, grüßt er treu,
Da stammen Lied und Sänger her
Und spüren's immer neu.

Die dunkeln Gründe säuseln kaum,
Sie schaun so fremd herauf.
Tiefschauernd fühlt er, 's war ein Traum –
Und wacht im Himmel auf.

Joseph von Eichendorff

Der Lenz mit Klang

Der Lenz mit Klang und roten Blumenmunden,
Holdselge Pracht! wird bleich in Wald und Aue;
Tonlos schweift ich damals durchs heitre Blaue,
Hatt nicht das Glühn im Tiefsten noch empfunden.

Da sprach Waldhorn von überselgen Stunden,
Und wie ich mutig in die Klänge schaue,
Reit't aus dem Wald die wunderschöne Fraue
O! Niederknien, erst's Aufblühn ewiger Wunden!

Zu weilen, fortzuziehn, schien sie zu zagen,
Verträumt blühten ins Grün der Augen Scheine,
Der Wald schien schnell zu wachsen mit Gefunkel.

Aus meiner Brust quoll ein unendlich Fragen,
Da blitzten noch einmal die Edelsteine,
Und um den Zauber schlug das grüne Dunkel.

Joseph von Eichendorff

Entschluss

Noch schien der Lenz nicht gekommen,
Es lag noch so stumm die Welt,
Da hab' den Stab ich genommen,
Zu pilgern ins weite Feld.

Und will auch kein' Lerch' sich schwingen,
Du breite die Flügel, mein Herz,
Lass hell und fröhlich uns singen
Zum Himmel aus allem Schmerz!

Da schauen im Tale erschrocken
Die Wandrer rings in die Luft,
Mein Liebchen schüttelt die Locken,
Sie weiß es wohl, wer sie ruft.

Und wie sie noch steh'n und lauschen,
Da blitzt es schon fern und nah,
All' Wälder und Quellen rauschen,
Und Frühling ist wieder da!

Joseph von Eichendorff

Frühlingsnacht

Übern Garten durch die Lüfte
Hört ich Wandervögel ziehn,
Das bedeutet Frühlingsdüfte,
Unten fängt's schon an zu blühn.

Jauchzen möcht ich, möchte weinen,
Ist mir's doch, als könnt's nicht sein!
Alte Wunder wieder scheinen
Mit dem Mondesglanz herein.

Und der Mond, die Sterne sagen's,
Und in Träumen rauscht's der Hain,
Und die Nachtigallen schlagen's:
Sie ist deine, sie ist dein!

Joseph von Eichendorff

Früher Frühling

Zwischen Februar und März
Liegt die große Zeitenwende,
und, man spürt es allerwärts,
mit dem Winter geht's zu Ende.

Schon beim ersten Sonnenschimmer
Steigt der Lenz ins Wartezimmer.
Keiner weiß, wie es geschah,
und auf einmal ist er da.

Manche Knospe wird verschneit
Zwar im frühen Lenz auf Erden.
Alles dauert seine Zeit,
nur Geduld, es wird schon werden.

Folgt auch noch ein rauer Schauer,
lacht der Himmel umso blauer.
Leichter schlägt das Menschenherz
zwischen Februar und März.

Fred Endrikat

Frühlings Ankunft

Grüner Schimmer spielet wieder
Drüben über Wies' und Feld.
Frohe Hoffnung senkt sich nieder
Auf die stumme trübe Welt.

Ja, nach langen Winterleiden
Kehrt der Frühling uns zurück,
Will die Welt in Freude kleiden,
Will uns bringen neues Glück.

Seht, ein Schmetterling als Bote
Zieht einher in Frühlingstracht,
Meldet uns, dass alles Tote
Nun zum Leben auferwacht.

Nur die Veilchen schüchtern wagen
Aufzuschau'n zum Sonnenschein;
Ist es doch, als ob sie fragen:
»Sollt' es denn schon Frühling sein?«

Seht, wie sich die Lerchen schwingen
In das blaue Himmelszelt!
Wie sie schwirren, wie sie singen
Über uns herab ins Feld!

Alles Leid entflieht auf Erden
Vor des Frühlings Freud' und Lust –
Nun, so soll's auch Frühling werden,
Frühling auch in unsrer Brust!

August Heinrich Hoffmann von Fallersleben

Oh, wie ist es kalt geworden

O, wie ist es kalt geworden
Und so traurig, öd' und leer!
Raue Winde weh'n von Norden
Und die Sonne scheint nicht mehr.
Auf die Berge möcht' ich fliegen,
Möchte seh'n ein grünes Tal,
Möcht' in Gras und Blumen liegen
Und mich freu'n am Sonnenstrahl;
Möchte hören die Schalmeien
Und der Herden Glockenklang,
Möchte freuen mich im Freien
An der Vögel süßem Sang.
Schöner Frühling, komm doch wieder,
Lieber Frühling, komm doch bald,
Bring' uns Blumen, Laub und Lieder,
Schmücke wieder Feld und Wald!
Ja, du bist uns treu geblieben,
Kommst nun bald in Pracht und Glanz,
Bringst nun bald all deinen Lieben
Sang und Freude, Spiel und Tanz.

August Heinrich Hoffmann von Fallersleben

Maisonntag

Du klare Luft, du liebe Sonne,
Du grüner Wald, du Blütental,
Du ganze große Maienwonne,
sei mir gegrüßt viel tausendmal.

Wie regungslos ob deiner Schöne
Hemmt seinen Lauf der Morgenwind,
Und Vogelsang und Glockentöne
Nur in der Luft lebendig sind.

Es steigt der Rauch vom Hüttenherde
Wie Abels Opfer himmelwärts,
Doch höher hebt sich von der Erde
Mein Lied – und dankerfülltes Herz!

Theodor Fontane

Frühling

Nun ist er endlich kommen doch
In grünem Knospenschuh;
»Er kam, er kam ja immer noch«,
Die Bäume nicken sich's zu.

Sie konnten ihn all erwarten kaum,
Nun treiben sie Schuss auf Schuss;
Im Garten der alte Apfelbaum,
Er sträubt sich, aber er muss.

Wohl zögert auch das alte Herz
Und atmet noch nicht frei,
Es bangt und sorgt: »Es ist erst März,
Und März ist noch nicht Mai.«

O schüttle ab den schweren Traum
Und die lange Winterruh':
Es wagt es der alte Apfelbaum,
Herze, wag's auch du.

Theodor Fontane

Im März

Es ist mir eben angetan,
Zwei schöne Augen sahn mich an,
Und in den süßen, feuchten Schein
Blickt' ich zu tief, zu tief hinein.

Mir schwirrt der Kopf, mir glühn die Wangen,
Und nun kommt draußen der Lenz gegangen
Über die Hügel, über den Fluss,
Die Schwalbe zwitschert ihren Gruß.

Die Wolken ziehn, und zwischendrein
Fließet der lichte Sonnenschein,
Und aus dem klar vertieften Blau
Säuselt es linde, weht es lau.

Man meint, die Veilchen sind schon da.
Das ist ein sehnsuchtsvolles Weben,
Ein heimlich Locken und Leben
Allüberall, fern und nah.

Und du, mein Herz, wirst nie gescheit,
Lässest so willig dich verführen,
Öffnest der Sehnsucht Tor und Türen;
Von Liebesfreud und -leid

Singest du Lieder
Und bist so froh, bist ganz so töricht wieder
Als wie in deiner jungen Zeit.

Emanuel Geibel

Hoffnung

Und dräut der Winter noch so sehr
Mit trotzigen Gebärden,
Und streut er Eis und Schnee umher,
Es muss doch Frühling werden.

Und drängen die Nebel noch so dicht
Sich vor den Blick der Sonne,
Sie wecket doch mit ihrem Licht
Einmal die Welt zur Wonne.

Blast nur ihr Stürme, blast mit Macht,
mir soll darob nicht bangen,
Auf leisen Sohlen über Nacht
Kommt doch der Lenz gegangen.

Da wacht die Erde grünend auf,
Weiß nicht, wie ihr geschehen,
Und lacht in den sonnigen Himmel hinauf
Und möchte vor Lust vergehen.

Sie flicht sich blühende Kränze ins Haar
Und schmückt sich mit Rosen und Ähren,
Und lässt die Brünnlein rieseln klar,
als wären es Freudenzähren.

Drum still! Und wie es frieren mag,
O Herz, gib dich zufrieden;
Es ist ein großer Maientag
Der ganzen Welt beschieden.

Und wenn dir oft auch bangt und graut,
Als sei die Höll' auf Erden,
Nur unverzagt auf Gott vertraut!
Es muss doch Frühling werden.

Emanuel Geibel

Mailied

Wie herrlich leuchtet
Mir die Natur!
Wie glänzt die Sonne!
Wie lacht die Flur!

Es dringen Blüten
Aus jedem Zweig
Und tausend Stimmen
Aus dem Gesträuch.

Und Freud und Wonne
Aus jeder Brust.
O Erd', o Sonne!
O Glück, o Lust!

O Lieb, o Liebe!
So golden schön,
Wie Morgenwolken
Auf jenen Höhn!

Du segnest herrlich
Das frische Feld,
Im Blütendampfe
Die volle Welt.

O Mädchen, Mädchen,
Wie lieb ich dich!
Wie blickt dein Auge!
Wie liebst du mich!

So liebt die Lerche
Gesang und Luft,
Und Morgenblumen
Den Himmelsduft,

Wie ich dich liebe
Mit warmem Blut,
Die du mir Jugend
Und Freud und Mut

Zu neuen Liedern
Und Tänzen gibst.
Sei ewig glücklich,
Wie du mich liebst!

Johann Wolfgang Goethe

Frühling übers Jahr

Das Beet, schon lockert
Sich's in die Höh',
Da wanken Glöckchen
So weiß wie Schnee;
Safran entfaltet
Gewalt'ge Glut,
Smaragden keimt es
Und keimt wie Blut.

Primeln stolzieren
So naseweis,
Schalkhafte Veilchen,
Versteckt mit Fleiß;
Was auch noch alles
Da regt und webt,
Genug, der Frühling,
Er wirkt und lebt.

Doch was im Garten
Am reichsten blüht,
Das ist des Liebchens
Lieblich Gemüt.

Da glühen Blicke
Mir immerfort,
Erregend Liedchen,
Erheiternd Wort;

Ein immer offen,
Ein Blütenherz,
Im Ernste freundlich
Und rein im Scherz.
Wenn Ros' und Lilie
Der Sommer bringt,
Er doch vergebens
Mit Liebchen ringt.

Johann Wolfgang Goethe

Frühzeitiger Frühling

Tage der Wonne,
Kommt ihr so bald?
Schenkt mir die Sonne,
Hügel und Wald?

Reichlicher fließen
Bächlein zumal.
Sind, es die Wiesen?
Ist es das Tal?

Blauliche Frische!
Himmel und Höh!
Goldene Fische
Wimmeln im See.

Buntes Gefieder
Rauschet im Hain;
Himmlische Lieder
Schallen darein.

Unter des Grünen
Blühender Kraft
Naschen die Bienen
Summend am Saft.

Leise Bewegung
Bebt in der Luft,
Reizende Regung,
Schläfernder Duft.

Mächtiger rühret
Bald sich ein Hauch,
Doch er verlieret
Gleich sich im Strauch.

Aber zum Busen
Kehrt er zurück.
Helfet, ihr Musen,
Tragen das Glück!

Saget, seit gestern
Wie mir geschah?
Liebliche Schwestern,
Liebchen ist da!

Johann Wolfgang Goethe

Leise zieht durch mein Gemüt

Leise zieht durch mein Gemüt
Liebliches Geläute –
Klinge, kleines Frühlingslied,
Kling hinaus ins Weite.

Kling hinaus, bis an das Haus,
Wo die Blumen sprießen,
Wenn du eine Rose schaust,
Sag, ich lass sie grüßen.

Heinrich Heine

April

Das erste Grün der Saat, von Regen feucht,
Zieht weit sich hin an niedrer Hügel Flucht.
Zwei große Krähen flattern aufgescheucht
Zu braunem Dorngebüsch in grüner Schlucht.

Wie auf der stillen See ein Wölkchen steht,
So ruhn die Berge hinten in dem Blau,
Auf die ein feiner Regen niedergeht,
Wie Silberschleier, dünn und zitternd grau.

Georg Heym

Der Frühling

Wenn auf Gefilden neues Entzücken keimt
Und sich die Ansicht wieder verschönt und sich
An Bergen, wo die Bäume grünen,
Hellere Lüfte, Gewölke zeigen,

O! welche Freude haben die Menschen! froh
Gehn an Gestaden Einsame, Ruh und Lust
Und Wonne der Gesundheit blühet,
Freundliches Lachen ist auch nicht ferne.

Friedrich Hölderlin

Der Frühling

Die Sonne glänzt, es blühen die Gefilde,
Die Tage kommen blütenreich und milde,
Der Abend blüht hinzu, und helle Tage gehen
Vom Himmel abwärts, wo die Tag' entstehen.

Das Jahr erscheint mit seinen Zeiten
Wie eine Pracht, wo sich Feste verbreiten,
Der Menschen Tätigkeit beginnt mit neuem Ziele,
So sind die Zeichen in der Welt, der Wunder viele.

Friedrich Hölderlin

Verklärtes Häusermeer

Mitten auf dem Platz,
wo die Kinder lärmen,
bleib ich stehn.

Jungens,
die sich um eine Murmel zanken,
ein kleines Mädchen, das Reifen spielt ...

Herr Gott, Frühling!

Und nichts, nichts hab ich gesehn!

Aus allen Büschen
brechen ja schon die Knospen!

Arno Holz

Erste Lerche

Zwischen Gräben und grauen Hecken,
den Rockkragen hoch, die Hände in den Taschen,
schlendre ich durch den frühen Märzmorgen.

Falbes Gras, blinkende Lachen und schwarzes Brachland
so weit ich sehn kann.

Dazwischen,
mitten in den weißen Horizont hinein,
wie erstarrt,
eine Weidenreihe.

Ich bleibe stehn.

Nirgends ein Laut. Noch nirgends Leben.
Nur die Luft und die Landschaft.

Und sonnenlos, wie den Himmel, fühl ich mein Herz!

Plötzlich ein Klang,

Ich starre in die Wolken.

Über mir,
jubelnd,
durch immer heller werdendes Licht,
die erste Lerche!

Arno Holz

Von allen Zweigen

Von allen Zweigen perlt der goldne Schaum,
Auf allen Bäumen flammen Blütenbrände,
Unzählbar lacht der Kuckuck durch den Raum.
Frag ich ihn bang nach meines Lebens Ende.

Es blüht und lebt bis an der Erde Saum,
Wird blühn und leben, singt er, ohne Wende,
Als wäre Frühling nicht ein kurzer Traum.
Auch du bist ewig! Spare nicht, verschwende!

Ricarda Huch

Alles neu macht der Mai

Alles neu macht der Mai
macht die Seele frisch und frei.
Lasst das Haus, komm hinaus,
windet einen Strauß!
Rings erglänzet Sonnenschein
duftend pranget Flur und Hain
Vogelsang, Hörnerklang
tönt den Wald entlang.

Wir durchzieh'n Saaten grün
Haine, die ergötzend blüh'n
Waldespracht – neu gemacht
nach des Winters Nacht.
Dort im Schatten an dem Quell
rieseln munter, silberhell
klein und groß ruht im Moos
wie im weichen Schoß.

Hier und dort, fort und fort
wo wir ziehen Ort für Ort.
Alles freut sich der Zeit,
die verjüngt, erneut

Widerschein der Schöpfung blüht
uns erneuernd im Gemüt.
Alles neu, frisch und frei
macht der holde Mai.

Hermann Adam von Kamp

Frühling

Nach kalter Nacht ein Sonnenbad
Im grünenden Garten voller Töne;
Die Spatzen jagen hin und her,
Die Amsel schimpft mit mir.

Pippa, freudig lächelnd,
Pflanzt frisches Schönes in das Beet.
Flieder, gestern noch ganz still,
Zeigt lustig kleine Dolden.

Die Augen geschlossen, fühlt man sie,
Leuchtend wirken überall
Mit bunten Farben in der Hand.

Ein kurzer Blick, ein leises Zögern,
Dann wirft Natur in weitem Bogen
Ihr neues Werden übers Land.

Uwe Kleinerüßkamp

In den duftenden Frühling

In den duftenden Frühling will ich hinaus,
Hinweg aus dem kalten, beengenden Haus
In die freie verlockende Weite.
Was soll mir der Bücher verdrießlicher Kram,
Die ich immer und immer vergeblicher nahm,
Ich werfe sie freudig zur Seite.

Denn find' ich nicht draußen der Blätter genug?
Da schimmert geheimnisvoll jeglicher Zug
Von des Ewigen eigenen Händen –
Das wieget die übrigen Lettern wohl auf,
So will ich denn auch in geflügeltem Lauf
Von dem einen zum andern mich wenden.

Da bin ich nun draußen und blicke umher,
Wie wird das Studieren schon wieder mir schwer
Hier unter den blühenden Bäumen!
Sie senden schon Blüte auf Blüte mir zu,
So will ich hier rasten in seliger Ruh',
Und will nur genießen und träumen.

Auguste Kurs

Frühlingszuversicht

Die kleinen Blättchen halten's nicht
In brauner Knospe aus,
Sie sagen: „Jetzt ist uns're Zeit,
Jetzt müssen wir heraus.
Ob auch die Sonne bleich und matt,
Ob finst're Wolken dräun,
Der alten Erde müssen wir
Doch frische Blüten streun.
Auch hofft manch armes Menschenkind
Wie wir auf Sonnenschein,
Dem wollen wir mit unserm Grün
Ein gutes Zeichen sein."
Und wie sie das geflüstert kaum,
Entfalten sie sich schnell,
Und lächelnd strahlt sogleich herab
Die Sonne warm und hell.
Und in der Menschen Herzen zieht
Die Hoffnung süß und licht,
Die grünen Blättchen wecken rings
Die Frühlingszuversicht.

Auguste Kurs

Liebesfrühling

Ich sah den Lenz einmal
Erwacht im schönsten Tal;
Ich sah der Liebe Licht
Im schönsten Angesicht.

Und wandle ich nun allein
Im Frühling durch den Hain,
Erscheint aus jedem Strauch
Ihr Angesicht mir auch.

Und seh ich sie am Ort,
Wo längst der Frühling fort,
So sprießt ein Lenz und schallt
Um ihre süße Gestalt.

Nikolaus Lenau

März

Jetzt zieht ein süßes, banges Wonneahnen
Heimlich erschauernd über die Natur,
Ein unbewusstes traulich-leises Mahnen
Des nahen Lenzes erste Werdespur.

Am Weidenbusch die Silberkätzchen schwellen,
Es fliegt der erste gelbe Schmetterling,
Es murmeln leise die befreiten Wellen,
Im kahlen Apfelbaum studiert der Fink.

Der Winter flieht, der alles kalt und trübe
Verschlossen hielt, erkältend jede Glut,
Ein jedes Herzchen denkt an neue Liebe,
An helle Kleider und den Sommerhut.

Es kommen jetzt die holden Weihetage,
Jedweden Dichter küsst der Genius,
Nach rosa Briefpapier ist große Frage
Und der Papierkorb schäumt von Überfluss.

Nun ruhe, Hand, du hast genug geschrieben –
O deutsches Volk, wie hoch wirst du beglückt!
Jetzt aber will ich gehn und mich verlieben,
Wie sich das für den deutschen Jüngling schickt.

Doch wenn im Herbst die Stürme rau zerfetzen
Das letzte Laub am fahlen Apfelbaum,
Dann will ich still mich an den Ofen setzen
Und klagen über meinen Frühlingstraum.

Hermann Löns

Die beste Zeit im Jahr ist Maien

Die beste Zeit im Jahr ist Maien
Da singen alle Vögelein,
Himmel und Erde ist der voll
Viel gut Gesang der lautet wohl.

Voran die liebe Nachtigall,
Macht alles fröhlich überall
Mit ihrem lieblichen Gesang,
Des muss sie haben immer Dank.

Viel mehr der liebe Herre Gott,
Der sie also geschaffen hat
Zu sein die rechte Sängerin,
Der Musica ein Meisterin.

Dem singt und springt sie Tag und Nacht,
Seins Lobes sie nicht müde macht;
Den ehrt und lobt auch mein Gesang
Und sagt ihm ewiglichen Dank.

Martin Luther

Frühlingsregen

Regne, regne, Frühlingsregen,
weine durch die stille Nacht!
Schlummer liegt auf allen Wegen,
nur dein treuer Dichter wacht ...

lauscht dem leisen, warmen Rinnen
aus dem dunklen Himmelsdom,
und es löst in ihm tiefinnen
selber sich ein heißer Strom,

lässt sich halten nicht und hegen,
quillt heraus in sanfter Macht ...
Ahndevoll auf stillen Wegen
geht der Frühling durch die Nacht.

Christian Morgenstern

Der Frühling kommt bald

Herr Winter,
geh hinter,
der Frühling kommt bald!
Das Eis ist geschwommen,
die Blümlein sind kommen
und grün wird der Wald.

Herr Winter,
geh hinter,
dein Reich ist vorbei.
Die Vögelein alle,
mit jubelndem Schalle,
verkünden den Mai!

Christian Morgenstern

Er ist's

Frühling lässt sein blaues Band
Wieder flattern durch die Lüfte;
Süße, wohlbekannte Düfte
Streifen ahnungsvoll das Land.

Veilchen träumen schon,
Wollen balde kommen.
– Horch, von fern ein leiser Harfenton!
Frühling, ja du bist's!
Dich hab ich vernommen!

Eduard Mörike

Zur Osterzeit

Ist das ein Ostern! – Schnee und Eis
hielt noch die Erde fest umfangen;
frostschauernd sind am Weidenreis
die Palmenkätzchen aufgegangen.
Verstohlen durch den Wolkenflor
blitzt hie und da ein Sonnenfunken –
es war, als sei im Weihnachtstraum
die schlummermüde Welt versunken.
Es war, als sollten nimmermehr
ins blaue Meer die Segel gehen, –
im Park ertönen Finkenschlag,
und Veilchenduft das Tal durchwehen. –

Und dennoch, Seele, sei gewiss:
Wie eng sich auch die Fesseln schlingen,
es wird der Lenz, das Sonnenkind,
dem Schoß der Erde sich entringen.
Dann sinkt dahin wie Nebelflor
auch all dein Weh und deine Sorgen,
und veilchenäugig lacht dich an
ein goldner Auferstehungsmorgen!

Clara Müller-Jahnke

Es färbte sich die Wiese grün

Es färbte sich die Wiese grün
Ich sah's in allen Hecken blühn;
Sah täglich neue Kräuter
Den Himmel, mild und heiter
Ich wusste nicht, wie mir geschah
Und wie das wurde, was ich sah

Es quoll und trieb nun überall
Mit Leben, Farben, Duft und Schall
Ein Geist schien mir erwacht
Der dieses hat vollbracht
Ich wusste nicht, wie mir geschah
Und wie das wurde, was ich sah

Vielleicht beginnt ein neues Reich
Der lock're Staub wird zum Gesträuch
Und Mensch, und Tier und Baum –
Erleben ihren Traum
Ich wusste nicht, wie mir geschah
Und wie das wurde, was ich sah

Ich stand im hellen Sonnenschein
Das ist der Frühling, fiel mir ein
Ich sah, dass jetzt auf Erden
Die Menschen glücklich werden
Da wusste ich wie mir geschah
Und wie das wurde, was ich sah

Novalis

Eines Morgens

An's Fenster rückt' ich meinen Tisch
Und wollte weise Dinge schreiben,
Doch, eh' ich's dachte, sah ich frisch
Mein Blatt im Morgenwinde treiben.

Was liegt an einem Blatt Papier?
Leicht ist's, ein zweites zu bereiten!
Nun aber ließ die Sonne mir
Streiflichter blendend drüber gleiten.

Wie flogen sie so lustig hell
Die Pfeile von dem gold'nen Bogen!
Gleich einem Schilde ließ ich schnell
Den grünen Vorhang niederwogen.

Jetzt, meint' ich, jetzt wird Ruhe sein!
Des Fleißes ernste Zeit beginne!
So dacht' ich, still vergnügt, allein
Bald ward ich meines Irrtums inne.

Denn schmeichelnd und verlockend drang
Durch Blättergrün und grünen Schleier
Der Vögel Lied wie Festgesang,
Wie eine freud'ge Liebesfeier.

Was half es mir, dass ich mein Ohr
Vom Lauschen suchte zu entwöhnen?
Im Geiste hörte ich den Chor
Der süßen Stimmen doch ertönen.

Vergeblich sorgt' ich, dass sich nicht
Der Sonne Schimmer zu mir stehle;
Das ich von mir gebannt, das Licht,
Ich schaut' es doch in meiner Seele.

Da warf ich meine Feder hin!
Nicht länger konnt' ich widerstreben,
Gefangen war mir Herz und Sinn –
Ich musste mich dem Lenz ergeben.

Aus meinem Hause trieb mich's fort
Auf waldgekrönte Bergeshöhen,
Wo, wie ein mildes Segenswort,
Die ahnungsvollen Lüfte wehen.

Den heil'gen Stimmen horchend, saß
Ich dort bis spät zum Abendlichte,
Und meine trunkne Seele las
In Gottes ewigem Gedichte!

Betty Paoli

Frühling

Die Bäume im Ofen lodern.
Die Vögel locken am Grill.
Die Sonnenschirme vermodern.
Im Übrigen ist es still.

Es stecken die Spargel aus Dosen
Die zarten Köpfchen hervor.
Bunt ranken sich köstliche Rosen
In Faschingsgirlanden empor.

Ein Etwas, wie Glockenklingen,
Den Oberkellner bewegt,
Mir tausend Eier zu bringen,
Von Osterstören gelegt.

Ein süßer Duft von Havanna
Verweht in ringelnder Spur.
Ich fühle an meiner Susanna
Erwachende neue Natur.

Es lohnt sich manchmal, zu lieben,
Was kommt, nicht ist oder war.
Ein Frühlingsgedicht, geschrieben
Im kältesten Februar.

Joachim Ringelnatz

Winterfee

Über den glitzernden, jungfräulichen Schnee
Wandelt im weißen Mondschein die Winterfee
Auf nackten Sohlen. Weißer, kleiner Fuß,
Fühlst du, dass dich der Schnee beneiden muss
Um deine weiche, weiße, warme Haut,
Und dass er nur vor Scham und Sehnsucht taut?

Was will die Fee? Es ist so märchenstill,
Sie lauscht und lauscht, ob sich was melden will.
Nun neigt sie tief zum Schnee ihr kleines Ohr:
Ein Silberglöckchen klingelt zu ihr empor.
Da küsst die Fee das klingende Fleckchen Schnee!
Seltsame, seltsame Wintermärchenfee!

Sie haucht auf den Schnee mit ihrem roten Mund:
Kling, kling, ein Schneeglöckchen steigt empor aus dem
Grund.
Nun tanzt sie gar mit den Strahlen im Mondenschein!
Die Winterfee? Kann das die Winterfee sein?
Und hundert Glöckchen kichern empor aus dem Schnee:
Winterfee warst du! Nun bist du die Frühlingsfee!

Hugo Salus

An den Frühling

Willkommen, schöner Jüngling!
Du Wonne der Natur!
Mit deinem Blumenkörbchen
Willkommen auf der Flur!

Ei! ei! da bist ja wieder!
Und bist so lieb und schön!
Und freun wir uns so herzlich,
Entgegen dir zu gehn.

Denkst auch noch an mein Mädchen?
Ei, Lieber, denke doch!
Dort liebte mich das Mädchen,
Und 's Mädchen liebt mich noch!

Fürs Mädchen manches Blümchen
Erbat ich mir von dir –
Ich komm' und bitte wieder,
Und du? – du gibst es mir.

Willkommen, schöner Jüngling!
Du Wonne der Natur!
Mit deinem Blumenkörbchen
Willkommen auf der Flur!

Friedrich Schiller

Am 4ten März 1815

Früheste Kinder des Lichts, holdselige Sterne des Frühlings,
Blümlein, welche zum Strauß selbst mir die Liebste
gepflückt,
Freundliche, wahrlich es ward ein freundliches Loos euch
beschieden,
Fröhliches Leben und dann früh ein beglückender Tod.
Denn ihr schautet zuerst mit den leis' aufknospenden
Äuglein
Hold in kindlicher Lust staunend das himmlische Licht,
Schmücktet zuerst mit den Perlen des Taus die errötenden
Wangen,
Fühltet den laulichen Kuss säuselnder Lüfte zuerst.
Und dann nahete sanft wie ein heimwärts winkender Engel
Mit zartschonender Hand meine Geliebte sich euch.
Ach, wohl zagtet ihr nicht, als sie liebkosend euch pflückte;
Hat doch wehe zu tun nimmer die Milde gelernt.
Nein, euch schien's, als schwebe der Lenz vom heiteren
Himmel,
Lieblich in Mädchengestalt kleidend den ewigen Reiz,
Freundlich herab, und wolle nun selbst mit den frühesten
Blümlein,
Mit den geliebtesten, hold schmücken das heilige Haupt.
Ach, ihr sahet es nicht, wie die andern Schwestern so
fröhlich

Blühten, indes ihr selbst welktet im zögernden Tod.
Nimmer verletzte den zärtlichen Kelch ein feindlicher Sturmwind,
Nicht hat sengende Glut früh euch die Wangen entfärbt;
Züchtig blühtet ihr auf, jungfräulich seid ihr gestorben
Auf jungfräulicher Flur, heilig durch heiligen Tod.
Seliges Loos! wer im frühesten Glanz der entfalteten Schönheit
Hinsinkt, Vielen geliebt, Vielen noch lange beweint;
Wer nicht sieht, wie die Blume verwelkt, die ihm lieblich geduftet,
Nicht, wie das Rot sich entfärbt, das ihm den Himmel geschmückt.
Ihm nur ward es gewährt, was wir All' uns wünschen: der Frühling
Schwand ihm nimmer, und nie hat ihn das Schöne getäuscht.
Ruht nun sanft an dem Herzen, ihr Lieblichen, welches wie ihr einst
Blühte, doch nicht wie ihr, eh' es verblühete, brach,
Welkt nun sanft und führt mir, noch heilausspendend im Tode,
Boten des Lenzes, den Lenz heim in die trauernde Brust!

Ernst Schulze

Am 18ten März 1815

O Lerche, was singst du aus blauer Luft
So lieblich herab durch den Morgenduft?
Ich singe, weil freundlich die Sonne sich hebt,
Weil Blüt' und Lüftchen und Bächlein lebt,
Weil blitzend der Tau an den Blumen hängt
Und Knospe zu Knospe sich liebend drängt,
Weil hold sich im Kelche der Schmetterling wiegt
Und sumsend am Bache das Bienchen fliegt,
Und weil ich mich freue in Liebeslust,
Drum sing' ich so lieblich aus froher Brust.

Was flötest du, zärtliche Nachtigall,
Durch Dämmrungswehen so süßen Schall?
Weil scheidend die freundliche Sonne sinkt,
Und das Leben in leiser Klage verklingt,
Weil bleich am Himmel das Rot zerfließt,
Und der Duft verweht und die Blume sich schließt,
Weil traurig säuselt der Frühlingswind,
Und das Bächlein seufzend vorüberrinnt,
Und weil ich mich härme in Liebesleid,
Drum sing' ich so süß in der Einsamkeit.

Ernst Schulze

Am 26sten März 1815

Nur kleine Lieder pfleg' ich dir zu singen,
Drum lohnst du mir mit kleinen Wiesenblüten;
Doch werd' ich einst dir größ're Gaben bieten
Und höhern Preis aus deiner Hand erringen.
Schön ist's, auf kühner Bahn emporzudringen,
Worauf nur wenig Kämpfer erst sich mühten,
Und jenen Kranz, den mächt'ge Geister hüten,
Im tapfern Streit den Mächt'gen abzuzwingen.
Mit dir, mit ihr, mit Gott werd' ichs vollenden!
Mir geben Erd' und Himmel gleiches Sehnen
Und gleiche Kraft, Gebet mir, Lieb' und Tränen.
Mag Gott mir Ruhm, mag sie mir Frieden senden,
Magst du mich einst mit edlem Lorbeer krönen,
Ich acht' es gleich, wie Schönes stets dem Schönen.

Wie Vöglein, die ein enges Netz gefangen,
Das zarte Köpfchen schweigend niedersenken,
Und still betrübt an jene Zeiten denken,
Als sie noch frei im bunten Haine sangen;
So wollt auch ihr im schmerzlichen Verlangen,
Ihr holden Blumen, euch zu Tode kränken
Und, wie ich euch auch pflegen mag und tränken,
Nur hin zu ihr, von der ich euch empfangen?
Weil ihr so große Freude mir gegeben,

Drum gräm' ich mich, dass ich euch so betrübe,
Und lehr' euch gern mein Bestes: Lust im Leide.
Sie schied auch mich schon lang vom heitern Leben;
Doch immer blüh' ich noch in Schmerz und Liebe,
Und singe, längst gefangen, ihr zur Freude.

Nur arme Blümchen hast du mir gegeben,
Die duftlos ihren kleinen Kelch entfalten,
Und dir zum Schmuck die schöneren behalten,
In deren Schoß so süße Geister schweben.
So schafft sich stets mit sehnsuchtsvollem Streben
Mein liebend Herz viel freundliche Gestalten;
Doch ach, wie hold sie auch mein Aug' umwallten,
Sie sind nur Träum' und ohne Hauch und Leben.
O hättest du gewagt mit zartem Sinne,
Ein Veilchen nur in jenen Kranz zu fügen,
Nicht hätte so dein Weigern mich bekümmert;
Denn Liebe strebt nicht, dass sie viel gewinne,
Und will ihr Herz an Träumen gern vergnügen,
Wenn ferne nur ein Hoffnungsstern ihr schimmert.

Was du gewährt, das nahm ich an mit Freuden,
Was du geweigert, mocht' ich nicht erflehen:
Nur freie Gunst darf Liebe nicht verschmähen,
Erbetnes Glück ist fast ein halbes Leiden.
Wohl könnt' ich nie dein holdes Auge meiden;
Doch bitt' ich's nicht, mich lächelnd anzusehen,
Und magst du freundlich nah'n und feindlich gehen,

Mich freut dein Nah'n, doch hindre ich nicht dein
Scheiden.
Wohl werd' ich nimmer zürnen, ewig lieben;
Doch such' ich nie durch Flehn dich zu gewinnen,
Mag tief mich auch dein kaltes Herz betrüben.
Denn konnt' ich auch der Liebe nicht entrinnen,
Ist doch der Stolz dem edlen Geist geblieben,
Der wert mich macht, um deine Huld zu minnen.

Ernst Schulze

Am 31sten März 1815

Still sitz' ich an des Hügels Hang,
Der Himmel ist so klar,
Das Lüftchen spielt im grünen Tal,
Wo ich beim ersten Frühlingsstrahl
Einst, ach, so glücklich war;

Wo ich an ihrer Seite ging
So traulich und so nah,
Und tief im dunkeln Felsenquell
Den schönen Himmel blau und hell,
Und sie im Himmel sah.

Sieh, wie der bunte Frühling schon
Aus Knosp' und Blüte blickt!
Nicht alle Blüten sind mir gleich,
Am liebsten pflückt' ich von dem Zweig,
Von welchem sie gepflückt.

Denn Alles ist wie damals noch,
Die Blumen, das Gefild;
Die Sonne scheint nicht minder hell,
Nicht minder freundlich schwimmt im Quell
Das blaue Himmelsbild.

Es wandeln nur sich Will' und Wahn,
Es wechseln Lust und Streit;
Vorüber flieht der Liebe Glück,
Und nur die Liebe bleibt zurück,
Die Lieb' und ach, das Leid!

O wär' ich doch das Vöglein nur
Dort an dem Wiesenhang,
Dann blieb' ich auf den Zweigen hier
Und säng' ein süßes Lied von ihr
Den ganzen Sommer lang.

Ernst Schulze

Frühling

Was rauschet, was rieselt, was rinnet so schnell?
Was blitzt in der Sonne? Was schimmert so hell?
Und als ich so fragte, da murmelt der Bach:
»Der Frühling, der Frühling, der Frühling ist wach!«

Was knospet, was keimet, was duftet so lind?
Was grünet so fröhlich? Was flüstert im Wind?
Und als ich so fragte, da rauscht es im Hain:
»Der Frühling, der Frühling, der Frühling zieht ein!«

Was klingelt, was klaget, was flötet so klar?
Was jauchzet, was jubelt so wunderbar?
Und als ich so fragte, die Nachtigall schlug:
»Der Frühling, der Frühling!« – da wusst' ich genug!

Heinrich Seidel

März

Und aus der Erde schauet nur
Alleine noch Schneeglöckchen;
So kalt, so kalt ist noch die Flur,
Es friert im weißen Röckchen.

Theodor Storm

April

Das ist die Drossel, die da schlägt,
Der Frühling, der mein Herz bewegt;
Ich fühle, die sich hold bezeigen,
Die Geister aus der Erde steigen.
Das Leben fließet wie ein Traum –
Mir ist wie Blume, Blatt und Baum.

Theodor Storm

März

Ah! Wie die buttergelbe Sonne
Uns wärmend durch die Poren dringt!
Wie neu erwachte Frühlingswonne
Uns das vergrämte Herz beschwingt!
Dem wintermüden Menschentume
Erheitert ihr die Phantasie,
Schneeglöckchen, Veilchen, Schlüsselblume
Und was auf Wiesen sonst gedieh!
Im Mistbeet herrscht ein reges Leben;
Das drängt sich an das helle Licht
Und will uns bald Gemüse geben,
Will Zutat sein zum Leibgericht.

Und wie sich froh den Hühnersteißen
Entringt das liebe Osterei!
So mag sich die Natur befleißen,
Dass sie nebst schön auch schmackhaft sei.
Das Starkbier regelt dann die Stühle,
Wenn Hertling spricht, ist's ebenso,
Man sitzt im Frühlingslustgefühle
Und wird im Sitzen lebensfroh.

Ludwig Thoma

Lob des Frühlings

Saatengrün, Veilchenduft,
Lerchenwirbel, Amselschlag,
Sonnenregen, linde Luft!

Wenn ich solche Worte singe,
braucht es dann noch großer Dinge,
Dich zu preisen, Frühlingstag?

Ludwig Uhland

Frühlingsfeier

Süßer, goldner Frühlingstag!
Inniges Entzücken!
Wenn mir je ein Lied gelang,
Sollt es heut' nicht glücken?

Doch warum in dieser Zeit
An die Arbeit treten?
Frühling ist ein hohes Fest.
Lasst mich ruhn und beten!

Ludwig Uhland

Nur einmal bringt des Jahres Lauf

Nur einmal bringt des Jahres Lauf
uns Lenz und Lerchenlieder.
Nur einmal blüht die Rose auf,
und dann verwelkt sie wieder;
nur einmal gönnt uns das Geschick
so jung zu sein auf Erden:
Hast du versäumt den Augenblick,
jung wirst du nie mehr werden.

Drum lass von der gemachten Pein
um nie gefühlte Wunden!
Der Augenblick ist immer dein,
doch rasch entfliehn die Stunden.
Und wer als Greis im grauen Haar
vom Schmerz noch nicht genesen,
der ist als Jüngling auch fürwahr
nie jung und frisch gewesen.

Nur einmal blüht die Jugendzeit
und ist so bald entschwunden;
und wer nur lebt vergangnem Leid,
wird nimmermehr gesunden.

Verjüngt sich denn nicht auch Natur
stets neu im Frühlingsweben?
Sei jung und blühend einmal nur,
doch das durchs ganze Leben!

Richard von Wilpert

Frühlingsluft

Frühling, Odem der Liebe,
Wehest selig mich an!
Überströme mich,
Frühlingsduft!
Trinken möcht' ich dich,
Süße Luft!
Wie es wehet und waltet,
Wie sich's regt und entfaltet!
Wie die Schwingen sich heben
In dem blühenden Leben!

Wie aus der Morgenröte der Tau
Perlend hernieder sich senkt,
Freundlich auf frischer, duftender Au'
Halmen und Blüten tränkt;
Schwebst du aus ew'gem Gefild,
Frühling, lieblich hernieder,
Zeigst uns himmlische Brüder
Lächelnd im irdischen Bild.

Cäcilie Zeller

Buchempfehlungen

Paul Schulte-Herrmann (Hrsg.)
Ihre Lieblingsjahreszeit in der Lyrik

Frühlingsgedichte
Sommergedichte
Herbstgedichte
Wintergedichte

Außerdem:
Weihnachtsgedichte
Naturgedichte